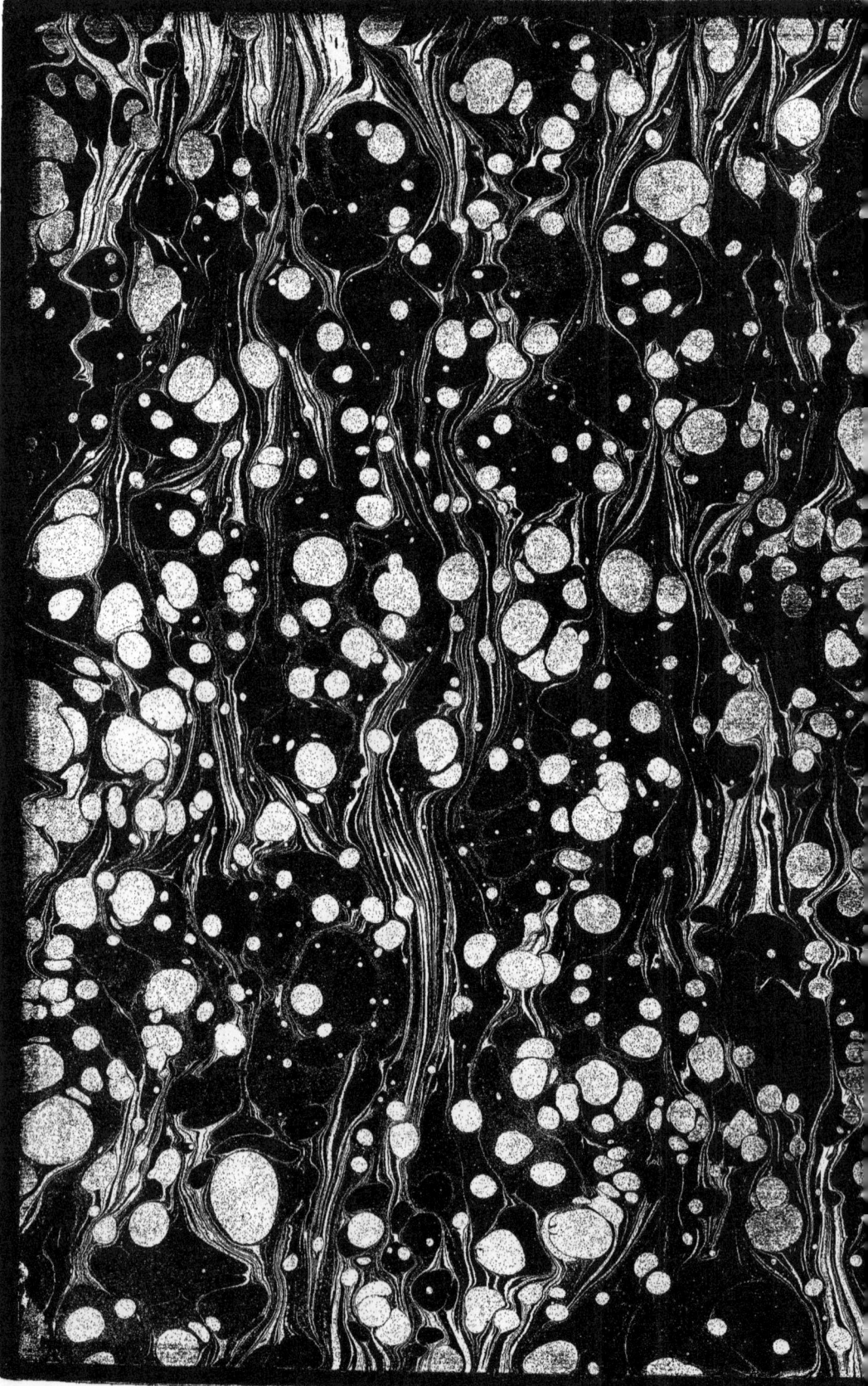

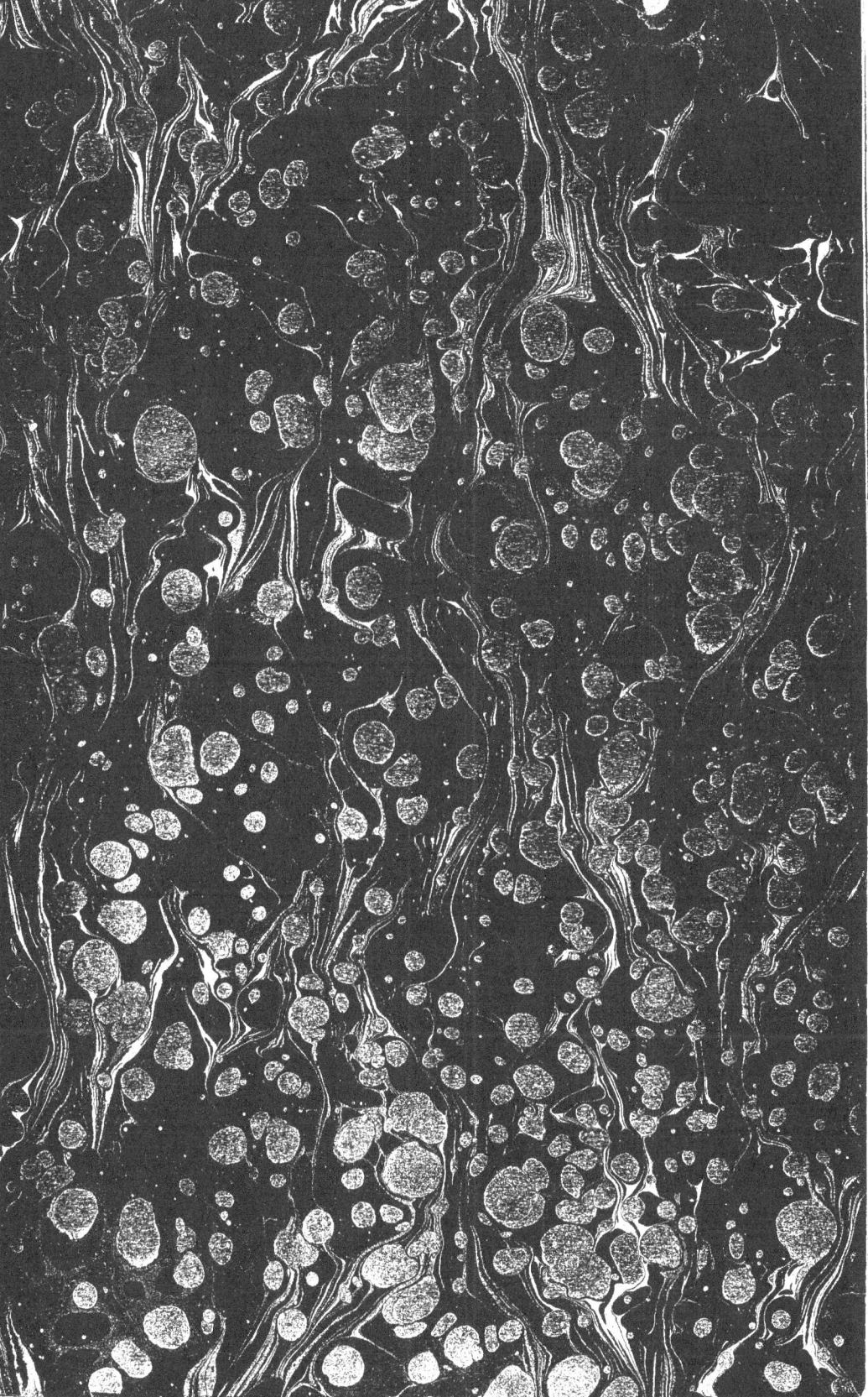

G

ATLAS

POUR SERVIR

À LA RELATION

DU VOYAGE À LA RECHERCHE

DE LA PÉROUSE,

FAIT

PAR ORDRE DE L'ASSEMBLÉE

CONSTITUANTE,

Pendant les années 1791, 1792,
et pendant la 1.ère et 2.ème année de la République Française.

PAR LE C.en LABILLARDIÈRE,

Correspondant de la ci-devant Académie des Sciences de Paris, membre de la Société d'histoire naturelle et l'un des naturalistes de l'expédition.

À PARIS,

CHEZ H. J. JANSEN, IMPRIMEUR-LIBRAIRE.

Gravé par Dien   *Imprimé chez P. Dien*

An VII de la République.

CARTE RÉDUITE
DE LA MER DES INDES,
ET D'UNE PARTIE
DE CELLE DU SUD,
Dressée par J. D. BARBIÉ DU BOCAGE,

Pour la Relation du Voyage à la Recherche de la Pérouse,
DE C.en LABILLARDIÈRE,
an VIII.me de la République.

VUE DES ÎLES DE L'AMIRAUTÉ.

SAUVAGE DES ÎLES DE L'AMIRAUTÉ.

PÊCHE DES SAUVAGES DU CAP DE DIEMEN.

SAUVAGES DU CAP DE DIEMEN PRÉPARANT LEUR REPAS.

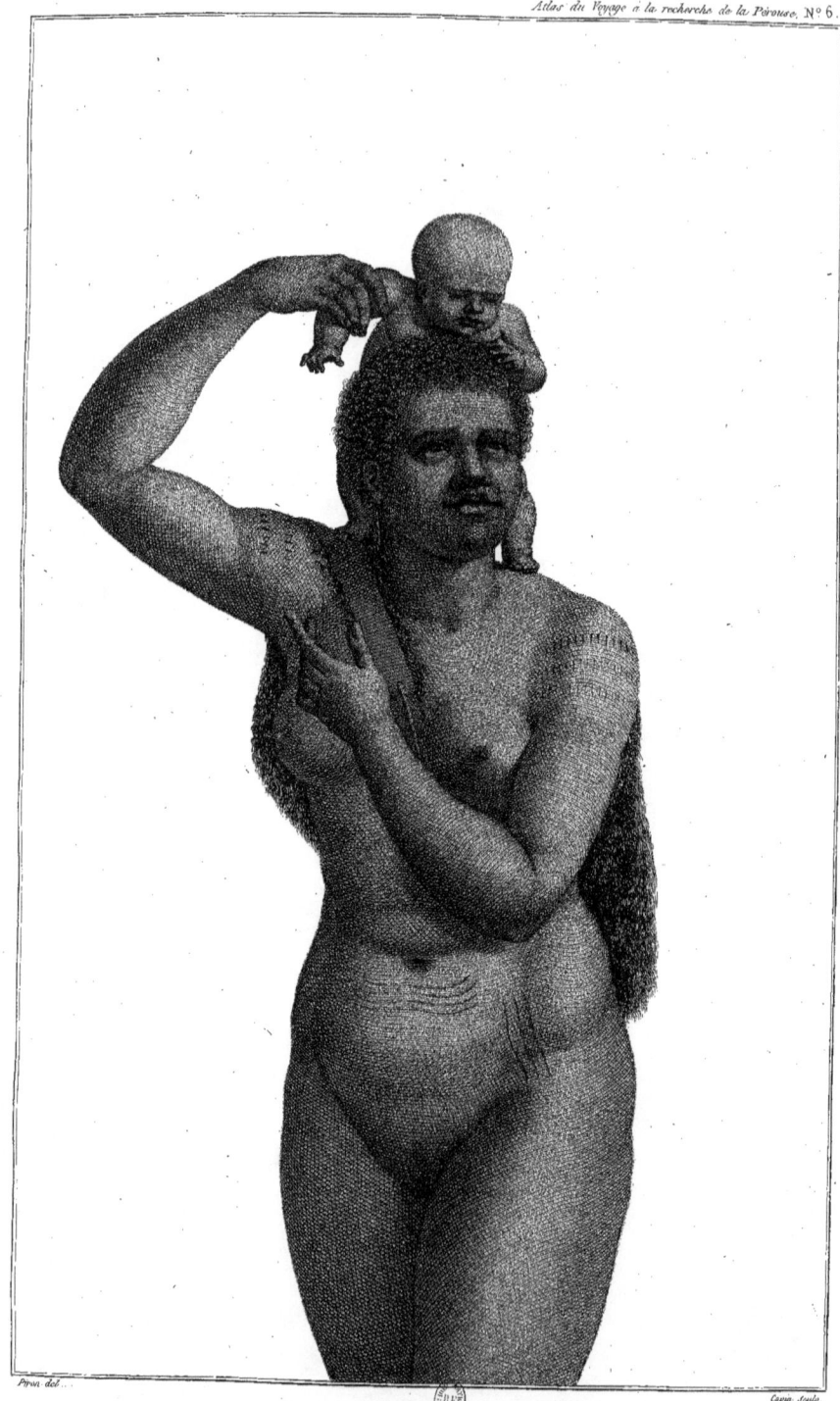

FEMME DU CAP DE DIEMEN.

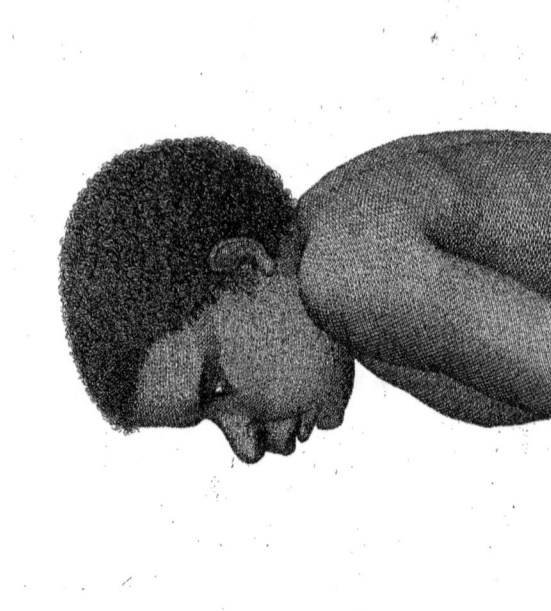

ENFANT DU CAP DE DIEMEN.

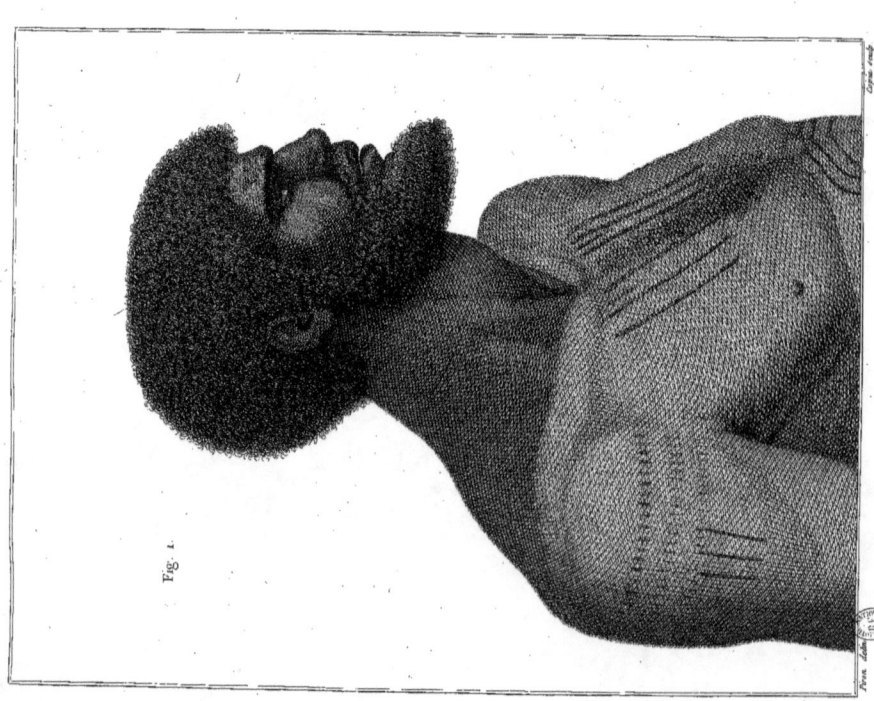

HOMME DU CAP DE DIEMEN.

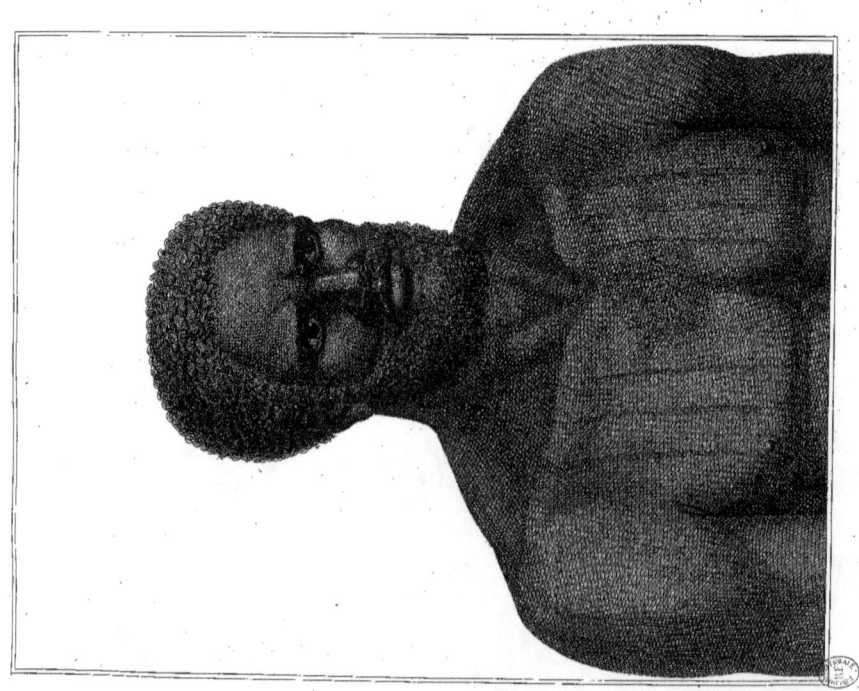

Atlas du Voyage à la recherche de la Pérouse. N° 8.

HOMME DU CAP DE DIEMEN.

FINAU, CHEF DES GUERRIERS DE TONGATABOU.

CIGNE NOIR DU CAP DE DIEMEN.

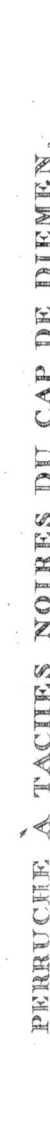

PERRUCHE À TACHES NOIRES DU CAP DE DIEMEN.

CALAO DE L'ÎLE DE WAIGIOU.

Atlas du Voyage à la recherche de la Pérouse. N.º 12.

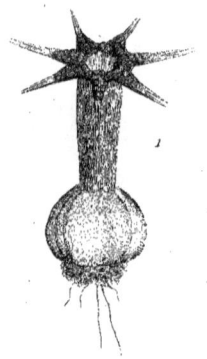
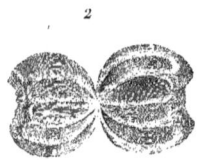
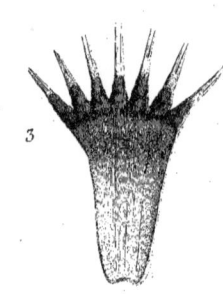

1. ASEROE RUBRA.

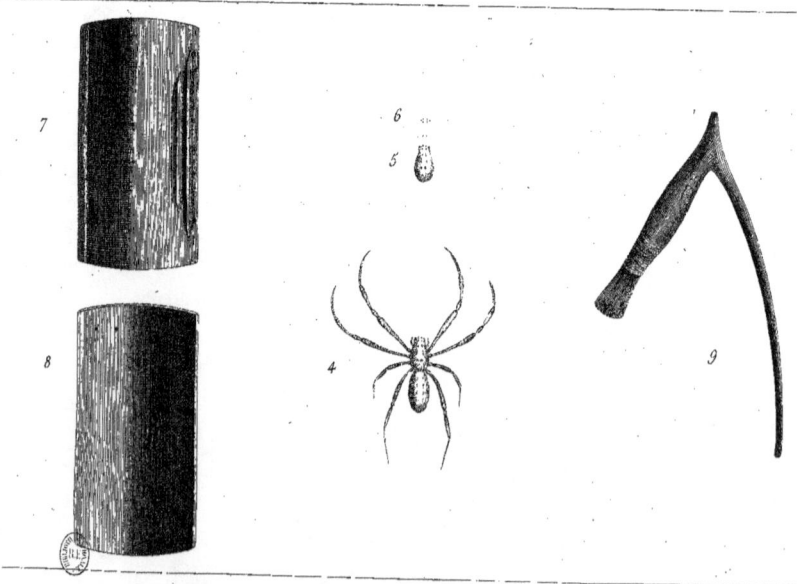

4. ARAIGNÉE QUE LES CALÉDONIENS MANGENT.

EUCALYPTUS GLOBULUS.

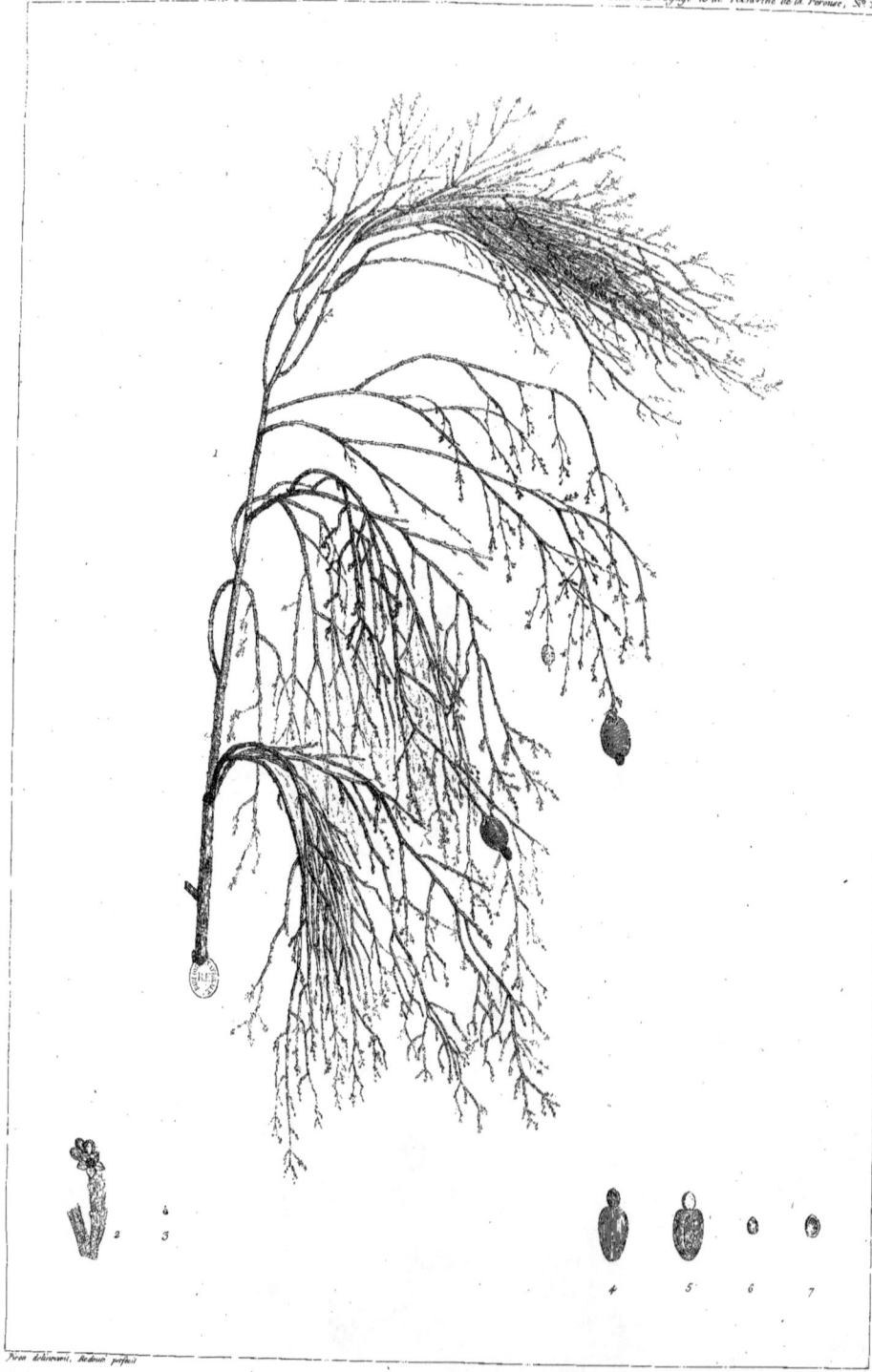

EXOCARPOS CUPRESSIFORMIS.

DIPLARRENA MORŒA.

RICHEA GLAUCA.

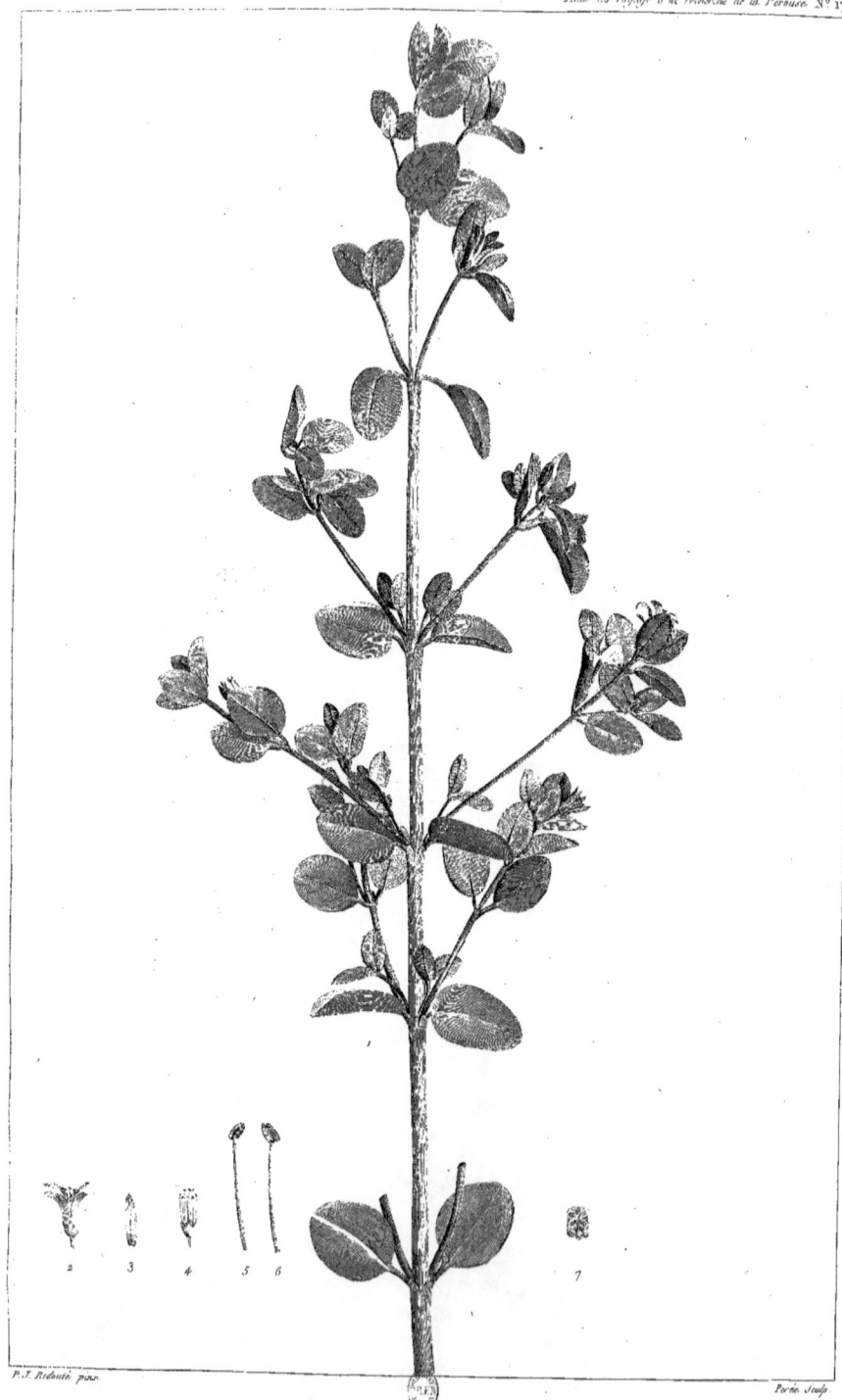

MAZEUTOXERON RUFUM.

CARPODONTOS LUCIDA.

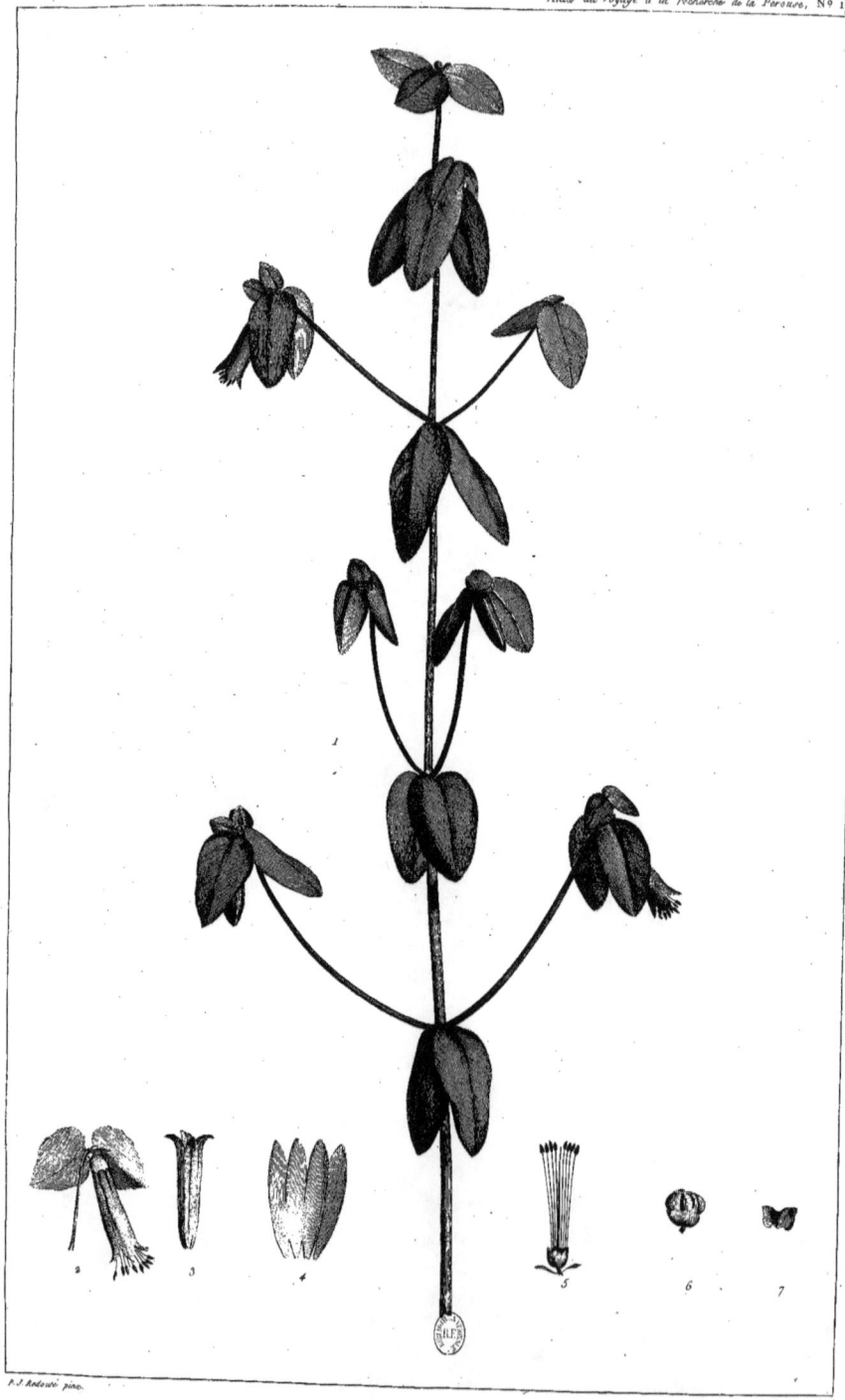

MAZEUTOXERON REFLEXUM.

EUCALYPTUS CORNUTA.

CHORIZEMA ILICIFOLIA.

ANIGOZANTHOS RUFA.

BANKSIA REPENS.

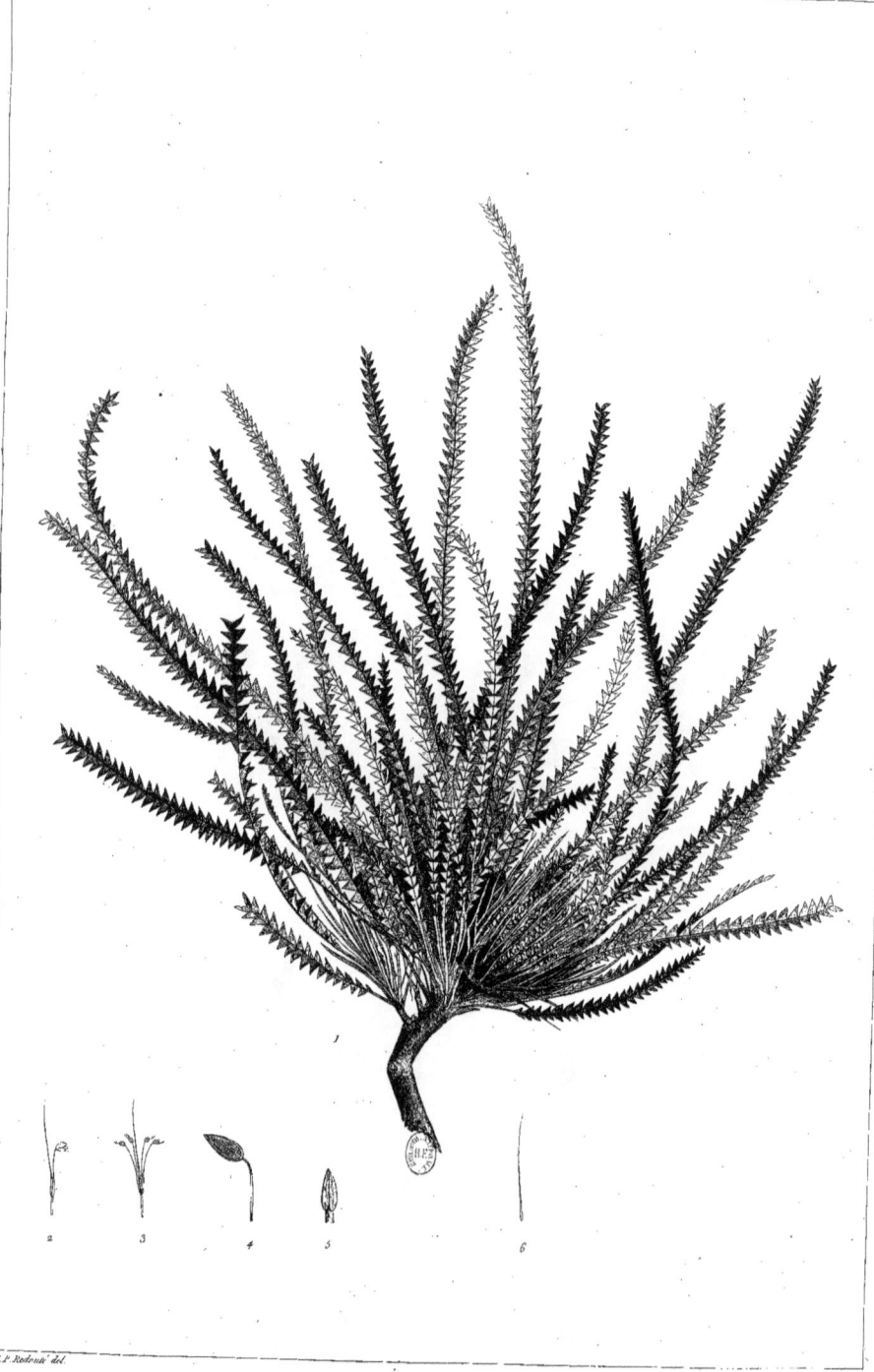

BANKSIA NIVEA.

JEUNE SAUVAGE DE LA NOUVELLE ZÉELANDE

SAUVAGE DE LA NOUVELLE ZÉELANDE

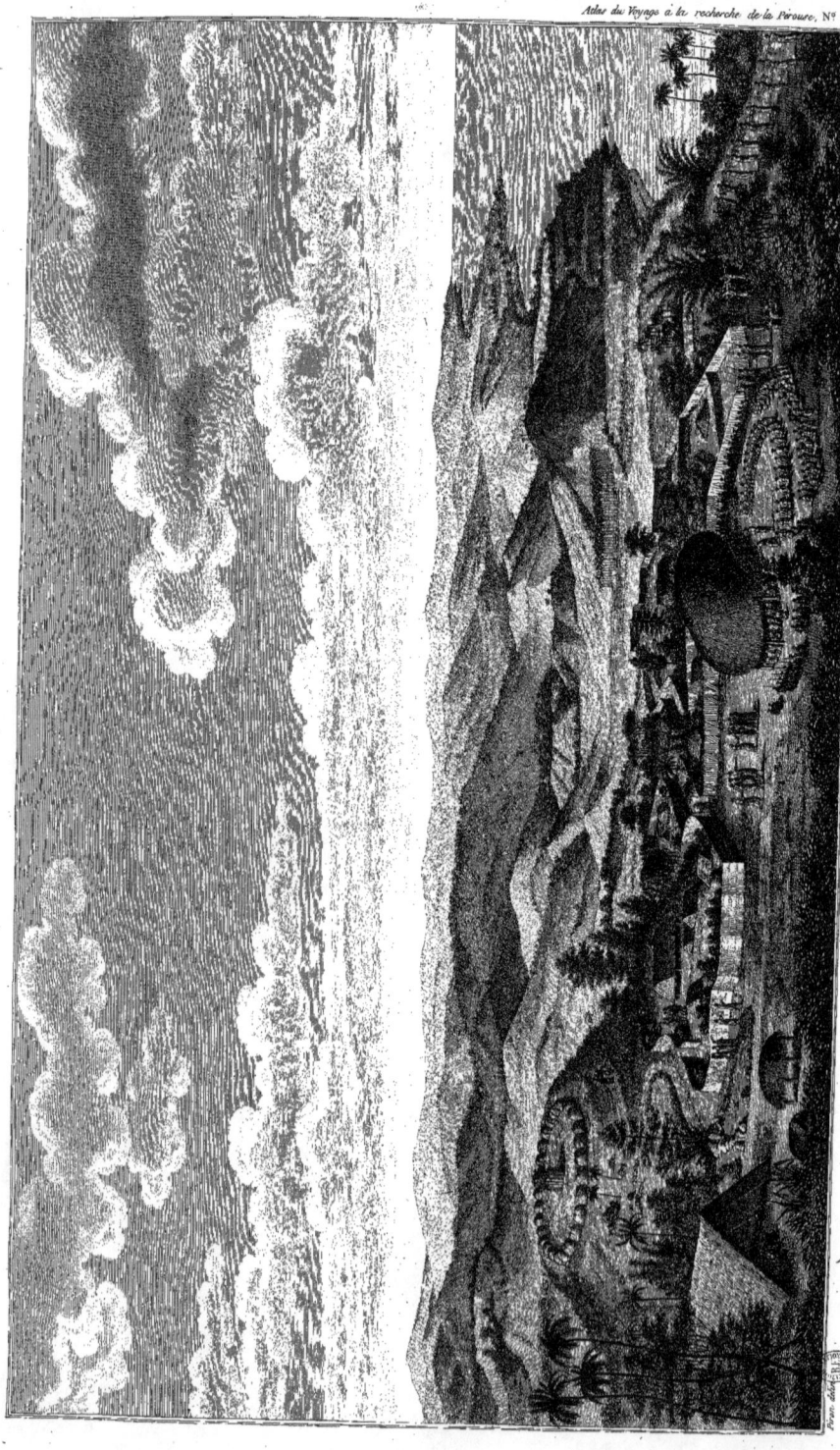

FÊTE DONNÉE AU GÉNÉRAL DENTRECASTEAUX PAR TOUBAU, ROI DES ÎLES DES AMIS.

Atlas du Voyage à la recherche de la Pérouse. N.º 27.

DANSE DES ÎLES DES AMIS, EN PRÉSENCE DE LA REINE TINÉ.

DOUBLE PIROGUE DES ILES DES AMIS.

Atlas du Voyage à la recherche de la Pérouse. N° 29.

VOUACÉCÉ, HABITANT DE FIDGI.

TOUBAU, FILS DU ROI DES ÎLES DES AMIS.

FEMME D'AMBOINE.

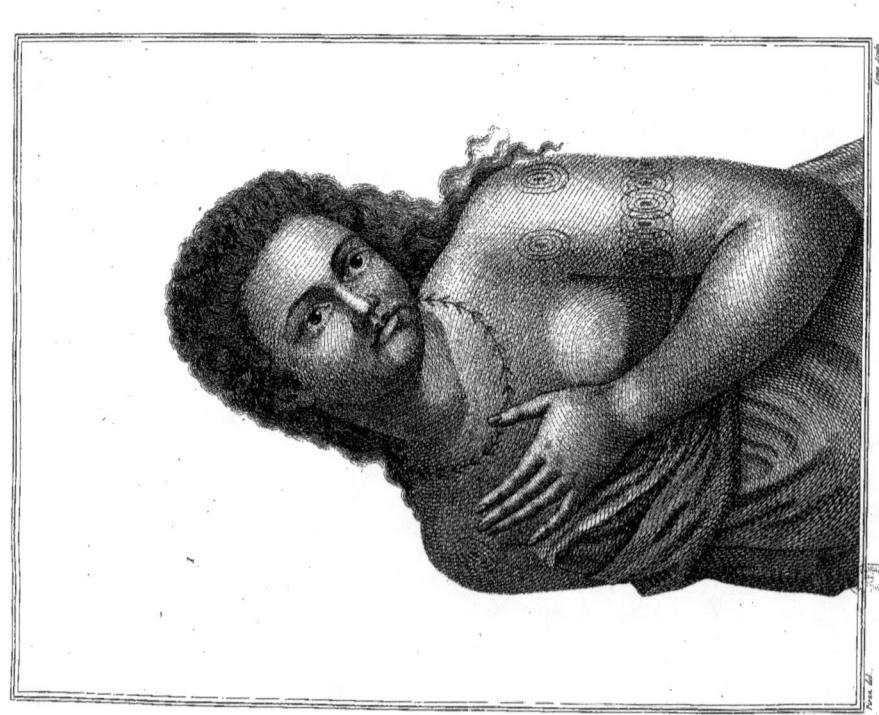

FEMME DES ÎLES DES AMIS.

EFFETS DES HABITANS DES ÎLES DES AMIS.

EFFETS DES HABITANS DES ÎLES DES AMIS.

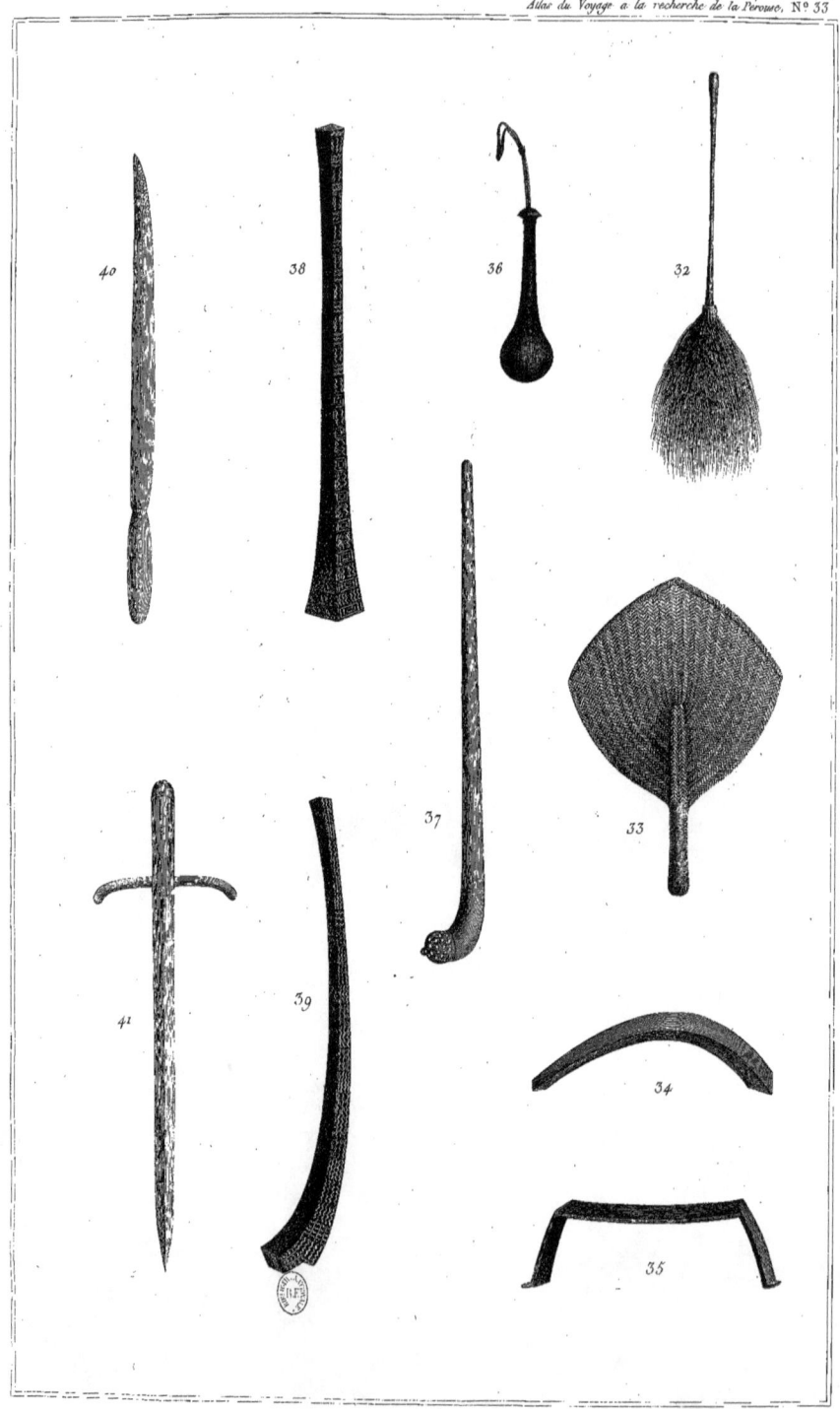

EFFETS DES HABITANS DES ÎLES DES AMIS.

FEMME DE L'ÎLE BEAUPRÉ.

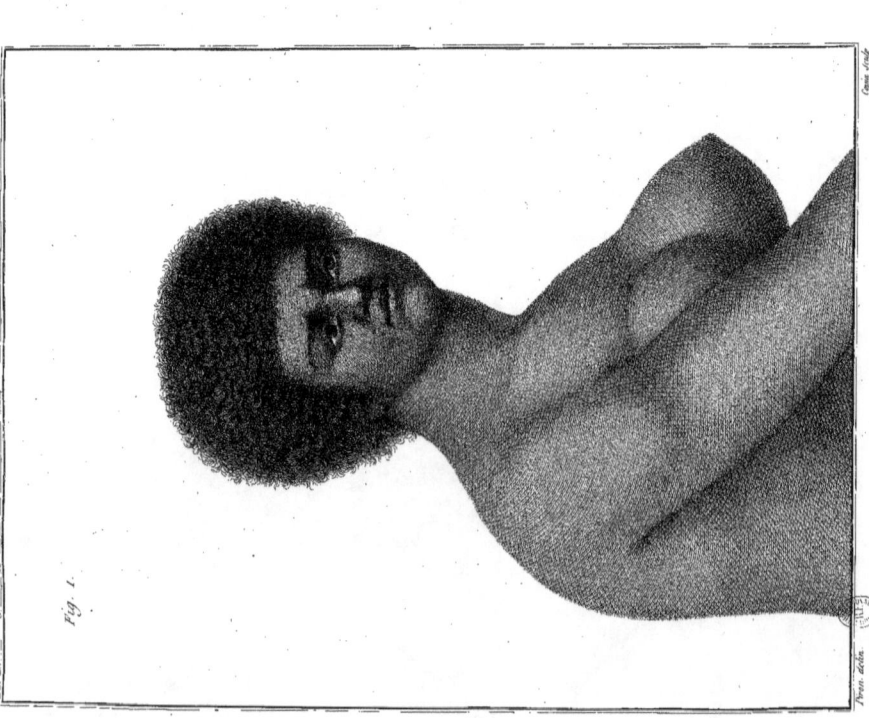

HOMME DE L'ÎLE BEAUPRÉ.

SAUVAGE DE LA NOUVELLE CALÉDONIE LANÇANT UNE ZAGAIE.

FEMME DE LA NOUVELLE CALÉDONIE.

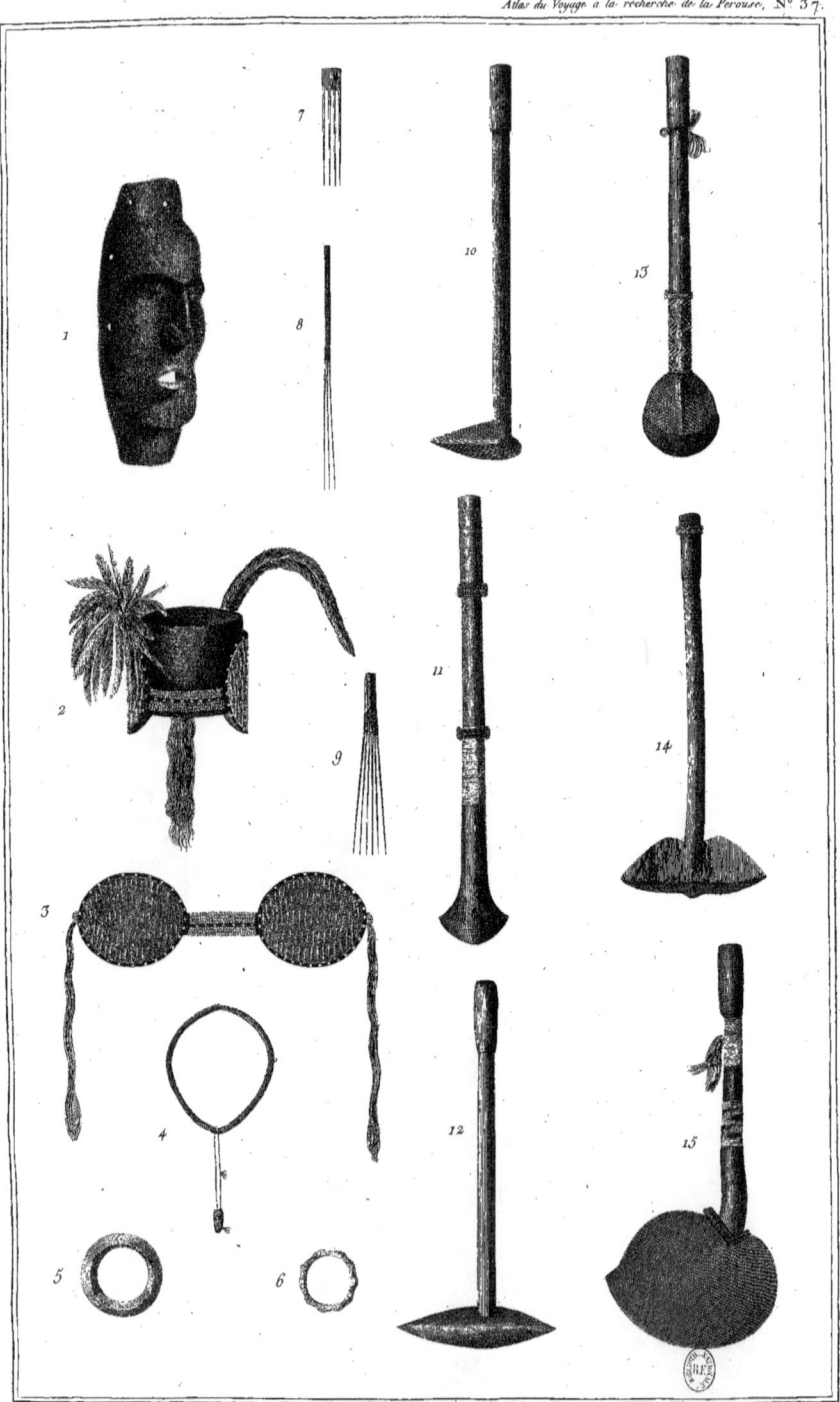

EFFETS DES SAUVAGES DE LA NOUVELLE CALÉDONIE.

EFFETS DES SAUVAGES DE LA NOUVELLE CALÉDONIE.

HUTTES DES SAUVAGES DE LA NOUVELLE CALÉDONIE.

Atlas du Voyage à la recherche de la Pérouse. N° 39.

PIE DE LA NOUVELLE CALÉDONIE.

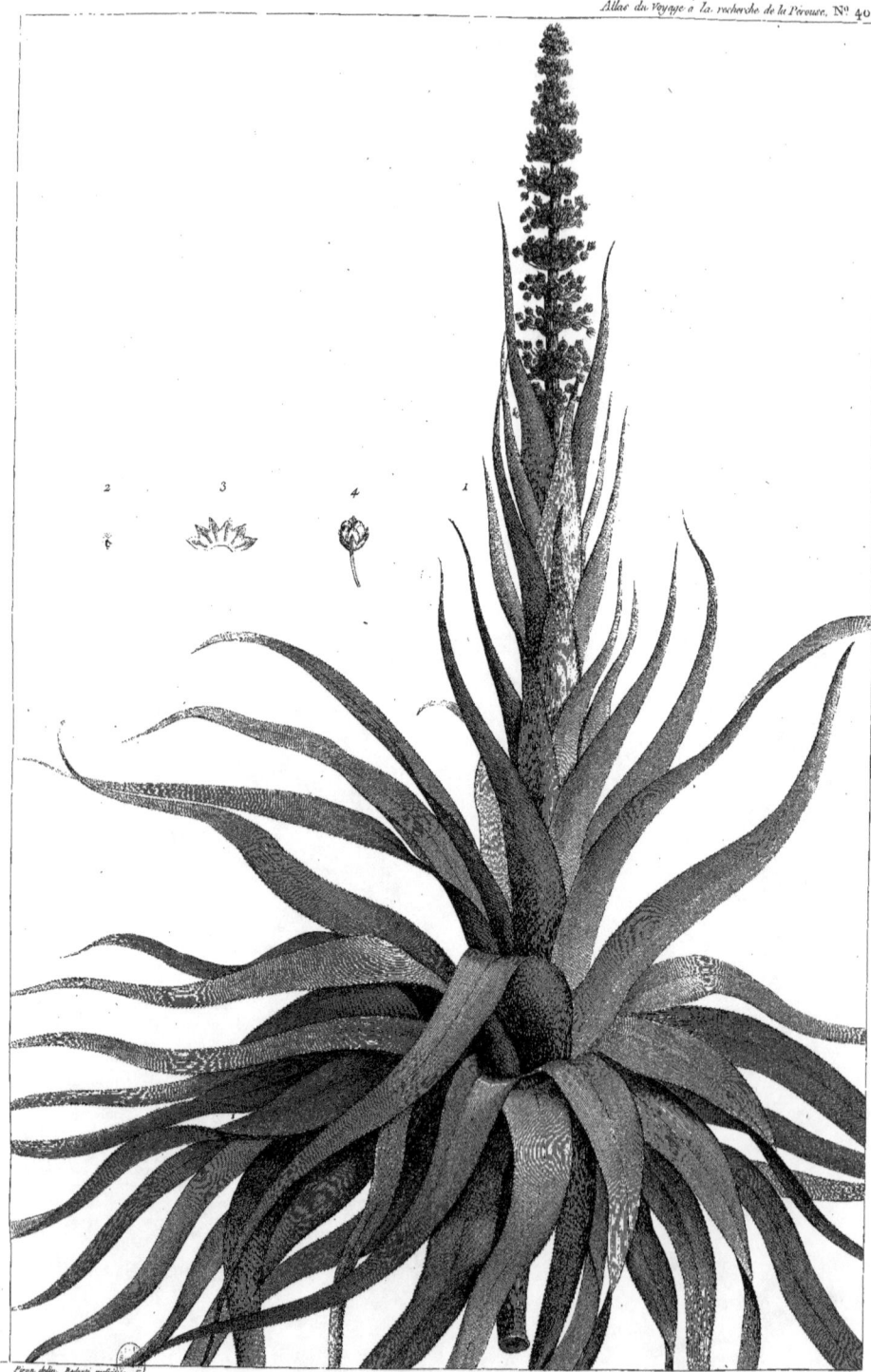

DRACOPHYLLUM VERTICILLATUM.

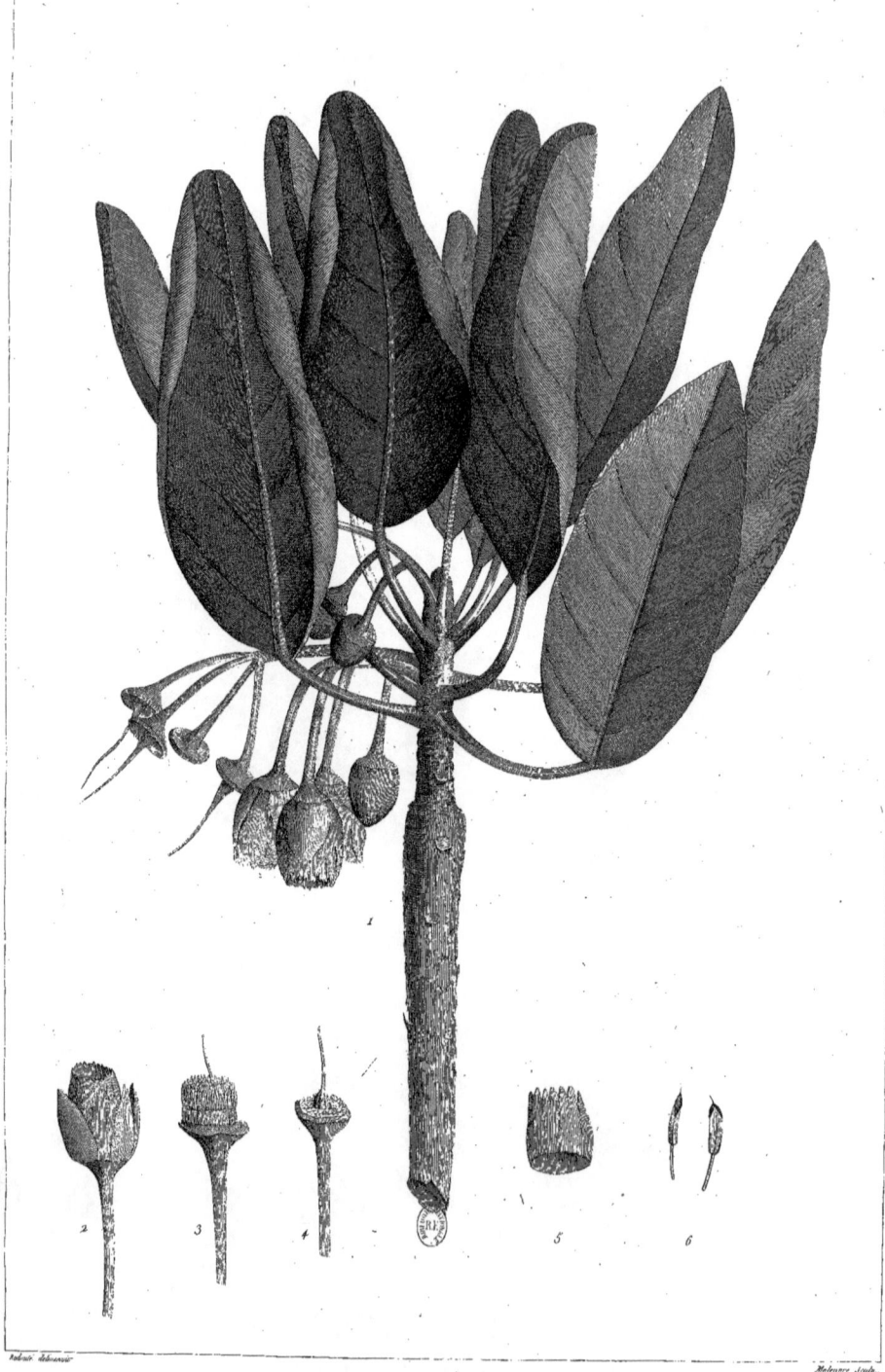

ANTHOLOMA MONTANA.

Atlas du Voyage à la recherche de la Pérouse. N.º 44.

VUE DE L'ÎLE DE BOUROU, PRISE DE LA RADE.

Atlas du Voyage à la recherche de la Pérouse. N.º 43.

PIROGUE DE L'ÎLE DE BOUKA.

PIROGUE DES ARSACIDES.

DOUBLE PIROGUE DE LA NOUVELLE CALÉDONIE.

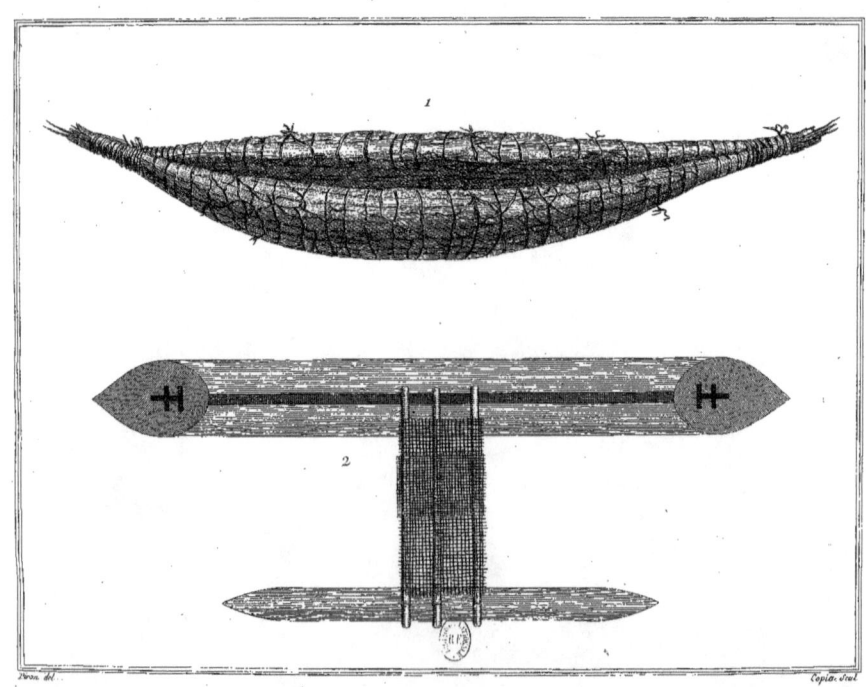

1. CATIMARRON DU CAP DE DIEMEN. 2. PIROGUE DE L'ÎLE DE S.ᵀᴱ CROIX

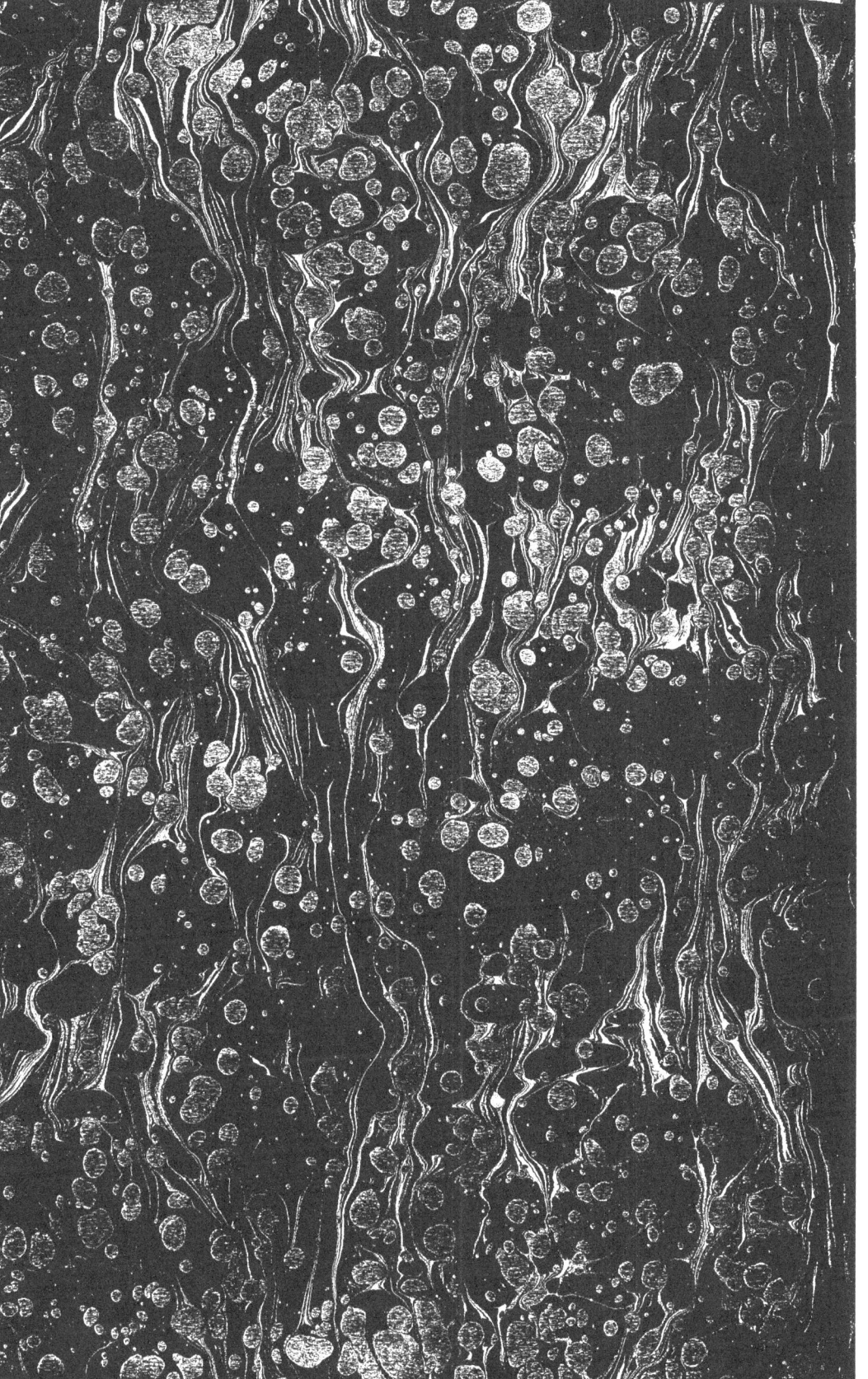

www.ingramcontent.com/pod-product-compliance
Lightning Source LLC
Chambersburg PA
CBHW070531100426
42743CB00010B/2035